NOTICE

HISTORIQUE ET GÉNÉALOGIQUE

SUR

PHILIBERT DE CHALON

PRINCE D'ORANGE ET DE MELPHE,
DUC DE GRAVINA,
SEIGNEUR DE ROUGEMONT, DE NOSEROY, ORGELET,
MONTFAUCON, ARLAY, VICOMTE DE BESANÇON,
COMTE DE TONNERRE, DE CHARNY ET DE PENTHIEU,
CHEVALIER DE LA TOISON D'OR,
VICE-ROI DE NAPLES.

PAR L'ABBÉ VANNIER

Curé de Montigny-les-Vesoul (Haute-Saône)
Membre correspondant de l'Académie de Pise, etc., etc., etc.

VESOUL
Imprimerie du *Courrier de la Haute-Saône*. — J.-B. Kasser.

1879

NOTICE HISTORIQUE ET GÉNÉALOGIQUE

SUR

PHILIBERT DE CHALON

CHAPITRE PREMIER

Parmi les familles nobles et puissantes, qui ont fleuri dans la Franche-Comté pendant le règne de nos comtes héréditaires de Bourgogne, la famille de Châlon, que l'on appelait *riche de Châlon,* n'a pas été une des moins illustres. A l'exemple des familles d'Oiselay, de Vergy, de Vienne, de Neufchâtel, de Faucogney, et de plusieurs autres encore, elle a jeté un vif éclat et laissé de grands souvenirs en Franche-Comté. Philibert de Châlon, dont nous allons parler, fut le rejeton le plus distingué de cette illustre et puissante famille. Il descendait du premier de nos comtes souverains de Bourgogne, Otton Guillaume, (mort en 1026), qui paraît avoir commencé à régner au temps de l'avénement du roi de Bourgogne, Rodolphe III (993), soit par concession de ce monarque, soit comme représentant du comte Létalde, dont lui ou sa mère réunissait la fortune et les droits. (BECHET, *histoires de Salins.*) La puissance d'Otton Guillaume fut si éclatante que Dietmar a dit de lui; *Miles est regionis nomine, sed re dominus terræ.*

Philibert de Châlon naquit en 1502 au château de Noseroy, petite ville du département du Jura. Il eut pour père Jean de Châlon IV, baron d'Arlay, prince d'Orange et pour mère Philiberte de Luxembourg, fille d'Antoine de Luxembourg, gouverneur et maréchal du Comté de

Bourgogne. Jean de Châlon IV naquit de Guillaume de Châlon et de Catherine de Bretagne.

Guillaume de Châlon fut le fils de Louis de Châlon II, *dit le Bon,* (mort en 1453) et de Jeanne de Montbéliard, dame de Montfaucon.

Louis de Châlon II, dit le Bon, fut parmi les hauts barons du Comté, l'un de ceux qui honorèrent davantage le règne du duc Philippe, tant par ses vertus guerrières que par la bonté de son caractère et la douceur de ses mœurs, qualités qui lui ont acquis le surnom aimable de *Bon*, surnom bien supérieur à tous les titres qu'ambitionne la folle vanité humaine.

Il dut le jour à messire Jean de Châlon III et à Marie de Beaux, fille et héritière unique de Raimond de Beaux, prince d'Orange.

Messire Jean de Châlon III eut pour père Louis de Châlon Ier et pour mère Marguerite de Vienne, fille de Philippe, comte de Vienne, sieur de Montmourot, Chevreau, Ruffry, mort en 1367 au voyage d'outre mer et enterré à Lons-le-Saunier.

Louis de Châlon Ier fut le fils de Jean de Châlon II et et de Marguerite de Mello.

Jean de Châlon II naquit de Hugues de Châlon et de Béatrix de Viennois.

Hugues de Châlon fut le fils de Jean de Châlon Ier, baron d'Arlay, dit *Bruchemel*, et de Marguerite, fille de Hugues, duc de Bourgogne.

Jean de Châlon Ier, baron d'Arlay, dit *Bruchemel*, eut pour père Jean de Châlon, surnommé l'*Antique*, et pour mère Laure de Commercy, fille de Simon de Commercy et de Mahaut de Sarbruck.

Jean de Châlon, surnommé l'*Antique*, par opposition à ses nombreux successeurs, du même prénom de Châlon, naquit d'Etienne II, comte *en Bourgogne* et de Béatrice de Châlon, fille et unique héritière de Guillaume II ou III, dernier comte de la première maison de Châlon.

Cette première maison de Châlons ne vécut pas longtemps. L'union avec Béatrice ayant été rompue, Etienne II se remaria avec Agnès de Dreux, dont il n'eut point d'enfants. Après avoir fourni une très-longue carrière, il cessa de vivre le 12 mars 1240, et fut inhumé dans l'abbaye de la Charité.

Etienne eut pour aïeul paternel Guillaume, comte de Vienne, d'Auxonne et de Mâcon, mort le 27 septembre 1155. Guillaume, frère puîné de Renaud III, dit le *franc-comte*, comte héréditaire de la Bourgogne, petit-fils, comme Renaud son frère, d'Otton Guillaume, comte souverain de la Bourgogne, épousa Poncette, fille de Thiébaud, seigneur de Traves et d'Alix, peut-être de Salins, fondatrice de l'abbaye de la Charité. Il laissa en mourant deux fils, dont l'un, appelé Girard, continua la maison de Vienne et de Mâcon, et dont l'autre, appelé Etienne Ier mort à l'abbaye de Clairefontaine en 1173, fut la tige de la seconde maison de Châlon, qui a subsisté 400 ans, maison puissante, dont Philibert de Châlon est sorti et qu'il a illustrée à jamais.

Ces détails généalogiques sur les ascendants de Philibert de Châlon établissent ce que nous avons dit au commencement de cette notice. Ils montrent que Philibert de Châlon a compté parmi ses ancêtres Otton Guillaume. Il descendait donc de ce premier comte souverain de la Bourgogne.

La petite ville de *Noseroy* ou *Noseret*, en latin *Nucillum*, qu'orna un magnifique château, offre un séjour agréable. Les comtes de Châlon y résidèrent avec plaisir. Située sur une montagne à 8 lieues S.-E. de Salins, et à 15 lieues S. de Besançon, cette petite ville est dans une position charmante. Elle fut dotée le 27 mai 1411 d'un collége ou chapitre de chanoines séculiers. La gloire de la fondation de ce chapitre faite dans un lieu de la ville appelé *l'hôpital et en la chapelle d'icelui*, est attribué à Jean de Châlon-Arlay III, prince d'Orange, époux de Marie de Beaux. L'illustre fondateur stipula que ce collége de chanoines séculiers serait composé d'un doyen et de six chanoines prébendés « messes chantants, » tous nés et baptisés dans la paroisse de Miéges, dont » il se réserva la nomination pour lui et ses succes- » seurs, à laquelle nomination, en cas de vacance, si le » seigneur successeur n'y pourvoyait pas dans un mois, » le chapitre y pourvoirait après ledit mois écoulé. C'est » ce qui arriva plusieurs fois. »

Le château remarquable de Noseroy manquait d'un lieu particulier destiné au service divin. Louis de Châlon II, fils de Jean de Châlon-Arlay III, mentionné plus haut, y pourvut généreusement. La dotation de la chapelle érigée dans le château fut de 341 f. 14 s. 4 d.

Le 15 novembre 1732, sur requête présentée par Mgr le prince d'Isenghuein, seigneur de Noseroy, vicomte de Besançon, Mgr Antoine-François de Bliterswich, de Moncley, archevêque de Besançon, rendit un décret par lequel il unit et annexa la chapelle du château au chapitre de Noseroy. Il statua que le chapitre serait augmenté de *deux* chanoines prébendés, dont la nomination appartiendrait à Mgr le prince et à ses successeurs. — (M. Ratte, ancien chanoine du chapitre de Noseroy. Extrait de quelques titres concernant ce chapitre. Sans date.)

Philibert de Châlon avait à peine six semaines, lorsque malheureusement il perdit son père, Jean de Châlon-Arlay IV, prince d'Orange (1502). Il ne fut pas le seul enfant issu de Jean de Châlon-Arlay et de Philiberte de Luxembourg. Philibert de Châlon eut encore un frère appelé Claude, qui mourut sans héritiers, et une sœur, appelée Claude, qui s'unit en 1515 à Henri, comte de Nassau, grand chambellan de l'empereur Charles V, fils de Jean, comte de Nassau. Au temps de sa mort, Jean de Chalon IV, prince d'Orange, remplissait les hautes fonctions civiles et politiques de lieutenant-général et de gouverneur de Bourgogne (1494-1502). Le lieu de sa sépulture fut l'église du couvent de Saint-François de Lons-le-Saunier.

Le coup funeste, qui frappa Philibert de Châlon au berceau, ne fut pas sans remède. L'enfant trouva dans son excellente mère, Philiberte de Luxembourg, un soutien d'un prix rare. Cette femme, supérieure et par les lumières de l'esprit et par la générosité des sentiments, donna tous ses soins à l'éducation de ses enfants. Le jeune Philibert y répondit parfaitement. Avec l'éloquence et le courage il posséda toutes les qualités d'un brillant chevalier et d'un vaillant capitaine.

En 1517, quoiqu'il n'eut que quinze ans, il fut pourvu de la charge de lieutenant-général et de gouverneur du Comté de Bourgogne, qu'avait eue son auguste père, prince d'Orange, et que sa mère, douairière du prince d'Orange, avait eue aussi après la mort de son mari. Pendant que Philibert de Luxembourg eut le gouvernement de la Franche-Comté, cette femme distinguée eut le talent de négocier et de conclure à Saint-Jean-de-Losne le 28 août 1512 un traité de neutralité entre la France et la Franche-Comté, traité de neutralité qu'approuva la duchesse Marguerite le 12 octobre suivant.

Les annales de la Franche-Comté dépeignent Philibert de Châlon « grand de corps, gros à l'avenant, robuste et « adroit aux exercices du corps, plus qu'autres de son « temps, ayant terrassé tous ceux avec lesquels il s'était « voulu éprouver. » En 1518, informé que les travaux des fortifications de la ville de Vesoul ne marchaient pas, Philibert de Châlon réitéra l'ordre de rétablir les tours et les murs de cette ville. (*Mémoires historiques de la République Séquanaise et des princes de la Franche-Comté, de Bourgogne*, par Louis Gollut, enrichies de notes et d'éclaircissements historiques, par M. Duvernois. S. in-8°, Arbois 1846, Auguste Javel, éditeur, pages 520, 1614,

1742, 1747, 1793, 1802, 1820, 1842. Dom Couderet, *Mémoire historique sur la ville de Vesoul.*)

L'année suivante, 1519, fut marquée par la mort de l'empereur Maximilien, aïeul de Charles V. Cet événement a eu des suites qui se rattachent à notre sujet. Maximilien laissa vacant le premier trône de l'Europe. Il fut aussitôt l'objet de l'ambition de deux puissants rivaux. François Ier, non content d'être roi de France, prétendait être seigneur italien et duc de Milan. Telle fut son idée fixe. A la nouvelle de la mort de l'empereur Maximilien, il se présenta comme candidat à l'Empire, en concurrence avec Charles V, archiduc d'Autriche, roi de Naples et d'Espagne. François Ier échoua dans son dessein ambitieux. Il fut repoussé et rejeté. La diète de Francfort, tenue le 28 juin 1519, n'eut aucun égard aux raisons qu'il allégua en faveur de sa demande. Entre les ambassadeurs accrédités auprès des Princes Electeurs fut Henri, comte de Nassau, beau-frère de Philibert de Châlon. Le roi de France perdit sa peine et son argent, les 400 mille écus qu'il avait envoyés pour gagner des suffrages. Gollut dit ici malicieusement que les Electeurs eurent François Ier pour suspect « soubs considération de la véhé« mence naturelle des Français qui ne se garderaient « pas facilement d'entreprendre sur la liberté germanique « et de réduire à la première monarchie l'Etat aristocra« tique, qui estoit en l'Empire et de faire quitter et « rendre ce que l'on avait arraché à la couronne. »

Le roi d'Espagne, Charles V, fut donc préféré. Les Electeurs envoyèrent Frédéric, comte palatin et duc de Bavière prier l'heureux élu de venir au plus tôt recevoir la couronne, ainsi qu'il est accoutumé.

Charles partit d'Espagne avec empressement, arriva à Gravelines, de là à Louvain, puis à Aix-la-Chapelle, où il fut sacré et couronné de la première couronne impériale, le 23 octobre 1520. A cette cérémonie imposante assistèrent Marguerite d'Autriche, tante de Charles,

Ferdinand, archiduc, frère de Charles, Philibert de Châlon. Cette cérémonie fut encore rehaussée par la présence des trois électeurs ecclésiastiques de Mayence, de Trèves et de Cologne, et celle de plusieurs grands d'Espagne. La préférence donnée à Charles V causa à François Ier un mortel déplaisir. Il ne put pas la digérer. Il en garda du ressentiment. Mais l'amour effréné des plaisirs dans lesquels François Ier était plongé, l'empêcha de prendre dès le principe, contre son dangereux rival, une résolution hardie. On a fait entre un grand capitaine et François Ier une différence bien méchante. Le premier se livrait aux plaisirs quand il n'avait plus d'affaires. Le second se livrait aux affaires quand il n'avait plus de plaisirs.

On commença par de petits coups d'épingle. Ensuite on en vint sérieusement aux mains. Pour nous servir d'une comparaison très-agréable de Gollut, que nous allons transcrire mot à mot : « Comme le foudre enserré » dans la nue, après s'estre longuement débattu, sort » espouvantablement et ne s'arreste qu'il n'hait faict » sentir la véhémence de son effort, ainsy les pensées » et les discours de ces puissants, après avoir estées » quelque temps retenues en leurs esprits ou bien entre » les discours de leurs plus particuliers, sortirent enfin » à découvert et firent bruit tant ault et tant espouvan- » table que l'univers en retentit et s'en espouvantât. » C'est sur la Navarre que François Ier, profitant du mal que la révolte de Padilla avait fait en Espagne, jeta d'abord son *plomb*, et que son ressentiment éclata. Au début, son entreprise fut heureuse. Un corps de troupes sous la conduite d'André de Foix, sieur d'Esparre, frère du sieur de Lautrec, s'empara de Pampelune. C'était en 1521. Dans les premiers jours du mois d'octobre de cette année 1521, un autre corps de troupes sous la conduite de Guillaume Gouffier, favori du roi, plus connu sous le nom de l'amiral Bonnivet, prit Fontarabie, *Fons rapidus*.

très-forte ville d'Espagne, dans la province de Guipuscoa, en Biscaye. Jaloux de voir cette place importante entre les mains des Français, les Espagnols tentèrent de la reprendre en 1522. Mais grâce à la résistance longue et vigoureuse que firent les assiégés, le siége se prolongea jusqu'au 27 février 1524.

Philibert de Châlon, blessé pendant les travaux du siége, qu'il dirigea avec sa bravoure ordinaire, eut l'honneur d'introduire Charles V dans la ville conquise.

Plus nous avançons, plus l'horizon s'assombrit. Plus le ciel se couvre de nuages. Ce n'est plus la Navarre que désole le fléau dévastateur de la guerre, ni la Biscaye, où Philibert de Châlon s'est signalé. Une étincelle a allumé un grand incendie. La Provence est en feu, l'Italie est aussi en feu. Marseille, Milan, Pavie, Rome, Florence, Naples, nombre d'autres villes sont successivement et en peu de temps le théâtre de toutes les misères de la guerre : « Effusion de sang épanché, » dit Gollut, « « embrasements des villes et villages, sacca- » gements des maisons, efforts faits sur les honeurs des » dames, pollutions des ecclises, tragédies sur tragé- » dies. » Le détail de toutes ces guerres qu'enfanta la mésintelligence de François Ier et de Charles V est contraire à notre plan. Nous devons nous renfermer dans les bornes de cette notice et ne parler que des actions et des entreprises dans lesquelles Philibert de Châlon figura. Le jeune et glorieux auteur de la reddition de Fontarabie quitta bientôt cette ville. Quatre mois après que Fontarabie fut rentrée sous la domination de l'Espagne, Philibert de Châlon reçut l'ordre de partir. Il s'embarqua à Barcelone à la tête d'un corps de troupes, qui devait se réunir à l'armée de Provence (juillet 1524). Chargé d'investir Marseille, dont la prise donnerait à Charles V un port commode pour ses expéditions d'Italie. Cette armée était commandée par deux hommes de guerre fameux, le marquis de Pesquaire, général espagnol et Charles de Bourbon, connétable, qu'une intrigue de cour suscitée par Louise de Savoie, duchesse d'Angoulême, mère de François Ier, avait décidé à sortir de France et à se mettre au service de Charles V. Déjà Philibert de Châlon se trouvait à Villefranche-les-Nice, quand une malheureuse fatalité le fit tomber entre les mains d'André Doria, amiral génois au service de la France, quoique Gênes fut alors au pouvoir de l'Espagne. Sans égard à la neutralité du duc de Savoie, souverain du territoire, Doria se saisit de Philibert au commencement du mois de juillet 1524, et l'envoya prisonnier en France. Il fut enfermé à Bourges, puis au château de Lusignan en Poitou, d'où il sortit en 1255 par échange avec le comte de Saint-Pol, François de Bourbon, fait prisonnier à la bataille de Pavie, qui fut livrée le 24 février de cette année 1525, bataille mémorable que François Ier, plus brave que prudent, perdit par sa faute. La nouvelle de la prison de Philibert de Châlon répandit le deuil en Franche-Comté. Plusieurs villes, notamment Salins, députèrent auprès de sa mère, la princesse d'Orange, pour lui témoigner l'affliction de leurs habitants. Dans tous les lieux considérables de la province, on fit des prières publiques et des processions pour obtenir du Ciel sa prompte délivrance. De leur côté les cantons suisses s'intéressèrent vivement auprès du roi de France pour qu'il rendit la liberté au jeune prince, arrêté au mépris du droit des gens. La bataille de Pavie, à laquelle Philibert de Châlon, enfermé au château de Lusignan à cette époque, eut l'immense regret de ne pas pouvoir prendre part, et où il eût sans doute cueilli de nouveaux lauriers, ne termina pas la carrière de François Ier. Renversé de son cheval, qu'un arquebusier espagnol venait de tuer, le monarque français fut relevé et fait prisonnier par Jean d'Urbiéta, homme d'armes de la compagnie de don Diégo de Mendoce (FERRERAS, *Histoire d'Espagne*, t. IX, p. 37-38). Diégo d'Avila, Jean de Pita et Jean d'Aldana, catalan, s'assurèrent de sa personne. Peu après arriva Charles de Lannoy, vice-roi de Naples, auquel ils remirent François Ier, que déjà ils avaient désarmé. On le conduisit en Espagne. Il fut enfermé dans le château de Madrid. Il en sortit le 21 février 1526, après avoir signé pour obtenir sa délivrance un traité, un accord très-désavantageux, que, comme Français, dit l'auteur protestant de l'*Histoire des Français*, Sismondi, François Ier n'aurait jamais dû signer, et que comme chevalier et homme d'honneur il n'aurait jamais dû rompre. Ce traité, signé à Madrid le 14 janvier de cette année 1526 est rempli de conditions par lesquelles François Ier promettait ce qui était contre l'intérêt de la France. Une condition imposée était la cession à Charles V du duché de Bourgogne. Une autre condition était le rétablissement du connétable de Bourbon, du prince d'Orange et de leurs partisans dans les domaines et les biens, qu'ils possédaient en France et que François Ier avait fait saisir.

Philibert de Châlon, qui depuis plusieurs mois était sorti de prison et à qui la cour d'Espagne fit connaître les clauses du traité de Madrid, s'achemina donc en Bourgogne pour prendre possession du duché au nom de l'Empereur. Les ordres pour cette possession, qui n'eut pas lieu, sont du 15 février 1526. L'article de la restitution des biens situés en France, appartenant à Philibert de Châlon, ne fut pas mieux observé que l'article de la cession du duché de Bourgogne. Le traité de Madrid fut une lettre morte dans tous les points.

François Ier ne tint donc pas ce qu'il avait promis, promis librement, quoiqu'il fut en prison. Nous disons librement. Car, selòn la remarque de Fénelon, un grand homme prisonnier, qui a le courage de savoir mourir, plutôt que de promettre de mauvaise foi, se met en liberté dans sa prison et échappe à ceux qui le tiennent. Bien loin d'imiter le bel exemple d'un Régulus, d'un Jean dit le Bon, fait prisonnier en 1356 à la bataille de Poitiers, François Ier eut la faiblesse de manquer à sa parole. Jaloux de la bonne fortune de Charles V, et associé au roi d'Angleterre, Henri VIII, il déclara solennellement la guerre à son antagoniste redoutable le 22 janvier 1528. Charles V était trop fier pour la refuser et ne pas l'accepter (1).

L'exactitude historique nous fait un devoir de relater ici, qu'antérieurement à cette déclaration de guerre et pendant l'année 1527, l'Italie divisée entre le parti impérial et le parti français, fut en butte à des hostilités dont le détail est navrant et dont le récit est nécessaire. A cette triste époque, le duc ou connétable de Bourbon était à Barcelone. C'est là qu'il reçut l'ordre de se rendre en Italie pour y remplacer le marquis de Pesquaire, général de l'Empereur, qu'une mort subite venait d'emporter dans toute la force de l'âge. Le duché de Milan fut promis au connétable pour récompense de ses services. Charles V plaça sous ses ordres trois généraux. Le jeune Philibert de Châlon fut l'un des trois généraux soumis au connétable. Déférant avec plaisir aux ordres de Charles V, et plein de ressentiment de sa captivité injuste, Philibert, à qui la carrière des armes plaisait beaucoup, se rendit en Italie.

La ville de Milan fut désignée par Bourbon pour le rendez-vous de toutes les troupes, dont il était le généralisme. Son armée était composée de 6,000 Espagnols, 10,000 Italiens environ, 14,000 Allemands ou Lansquenets. Ces Allemands ou Lansquenets, connus dans l'histoire sous le nom de *Reîtres*, amenés par le baron Georges de Fronsperg, qui mourut peu après son arrivée, étaient partisans forcenés d'un chef de secte qui venait d'apparaître, braves soldats, mais bandits fieffés, accou-

(1) Ce détail concernant François Ier était nécessaire pour lier les différentes partie de notre sujet.

tumés à cette discipline qui pouvait s'accorder avec le pillage et le crime. L'appât d'une bonne curée, dit Gollut, c'est-à-dire l'appât des richesses ecclésiastiques, dont l'Italie abondait, les réunit sous les drapeaux du connétable, qui jouissait d'une grande réputation militaire. Il les joignit aux Impériaux cantonnés à Milan, qui faute de solde continuaient à vivre chez leurs hôtes avec la plus tyrannique discrétion et qui, serrés de près par les Vénitiens et autres alliés de la Ligue qui s'était formée contre Charles V, se trouvaient à la veille de tomber en leur pouvoir.

Bourbon les délivra. Les confédérés furent repoussés. Le duc François Sforce, qui occupait le château de Milan, fut obligé de le quitter et de le remettre entre les mains du connétable, Peu après cette campagne, le connétable leva le camp, laissant à Milan pour gouverneur provisoire, Antoine de Lève, puis, sans perdre de temps, il s'avance vers Rome, à la tête de son armée, et accompagné de Philibert de Châlon, rançonnant sur sa route plusieurs villes qui lui furent livrées par des traîtres. Bologne échappa aux contributions de Bourbon. Il n'y put entrer, parce que Michel Antoine, marquis de Saluces, qui commandait les Français, y était entré avec 12,000 hommes. Cet échec ne l'arrêta pas. Il franchit sans obstacle l'Appennin, et le 5 mai 1527 Bourbon parut devant Rome. Pour épargner à cette ville les horreurs qu'il prévoyait et pour conjurer l'orage qui le menaçait, le pape Clément VII, (*Jules de Médicis)*, avait conclu tout récemment avec Charles de Lannoy, vice-roi de Naples, une trêve de huit mois, par laquelle il promettait de fournir l'argent nécessaire pour satisfaire les Lansquenets non payés de leur solde et les congédier. Instruit de cette trêve, Bourbon envoya à Florence des plénipotentiaires qui la signèrent pour lui, à cette condition que si le Pape comptait d'abord au duc 80,000 ducats et 60,000 dans le mois de mai, le duc se retirait dans cinq jours. Cette convention fut une insigne tromperie de la part du connétable pour endormir le chef de la chrétienté et empêcher les alliés de Rome d'accourir à temps à sa défense. Sur la foi de cet accord et pour se faciliter les moyens de remplir ses engagements, Clément VII licencia les 2,000 hommes qu'il avait gardés, faute capitale qu'un homme fameux, un florentin, Nicolas Machiavel, dans une lettre écrite quelques jours avant sa mort arrivée le 22 juin 1527, a relevée d'une manière fort piquante : « Le « Pape, dit-il, a cru plus à une plumée d'encre qu'à mille « fantassins, qui lui suffisaient pour le garder. »

Dans cette lettre, Machiavel dit encore : « Cette année, « il n'y a personne qui ait bien fait et qui n'ait fait à « l'envers. L'Empereur n'a pas pu se plus mal conduire, « puisqu'il n'a pas envoyé à temps du secours aux siens, « et il le pouvoit facilement. Les Espagnols ont pu quel- « quefois nous faire de grandes niches, et ils ne l'ont « pas su faire. Nous avons pu vaincre et nous ne l'avons « pas su. Les Siennois seuls se sont bien comportés. Et « ce n'est pas merveille, si dans un temps fou, les fous « réussissent, de manière qu'il seroit pis d'avoir bien « fait, que d'avoir mal fait. »

Clément VII eut à se repentir bientôt d'avoir cru à une plumée d'encre, à la parole des généraux de Charles V. Il paya bien cher sa trop grande confiance.

CHAPITRE SECOND

Nous venons de dire que le duc ou connétable de Bourbon parut devant Rome le 5 mai 1527. Dès le lendemain, 6 mai 1527, Bourbon ordonna l'assaut. Deux fois il fut repoussé. Une troisième fois il prend lui-même une échelle, l'applique contre une brèche mal réparée qu'il mesure de sa pique, mais pendant qu'il y monte, un coup d'arquebuse le blesse mortellement. Il expire presque sur le coup (1). L'assaut continue. Rome défendue par Rence de Cère, vaillant, mais malheureux capitaine, est emportée. Dans un de ces assauts, Philibert de Châlon fut aussi blessé d'un coup d'arquebuse, mais moins grièvement que le connétable. L'armée victorieuse traita Rome avec la dernière indignité : horreurs sur horreurs, brigandages sur brigandages, atrocités sur atrocités, sacriléges sur sacriléges. Dans cette crise lugubre et lamentable, Clément VII se réfugia dans le château de Saint-Ange. Les Impériaux l'y assiégèrent. Le château se rendit le 6 juin. Clément VII, dont la garde avait été confiée à Alarçon, maître de camp général, ne recouvra sa liberté qu'au mois de décembre suivant.

Deux historiens, l'un et l'autre protestants, Sismondi et

---

(1) Le cœur du connétable, rapporté de Rome à Besançon par Simon Gauthiot, sieur d'Arcier, qui s'était attaché à sa personne, fut déposé dans l'église cathédrale de Saint-Etienne.

Gilbon ont parlé du sac de Rome par les troupes de Charles V en termes si convenables, que nous croyons rapporter ici quelques-unes de leurs paroles. Il est fâcheux que les bornes de cette notice ne nous permettent pas d'en faire davantage.

« Jamais, dit Sismondi, (*Histoire des Républiques ita-« liennes)*, t. XV, p. 269, 273, 275), non, jamais peut-être « dans l'histoire du monde, une grande capitale ne fut « abandonnée à un abus plus atroce de la victoire. « Jamais une puissante armée n'avait été formée de « soldats plus féroces, et n'avait plus absolument secoué « le joug de toute discipline ; jamais le souverain, au « nom duquel elle combattit, ne fut plus indifférent aux « calamités des vaincus. Ce n'était point assez de livrer « en proie à la rapacité des soldats la totalité des richesses « sacrées et profanes que la piété des fidèles ou leur « industrie avoient rassemblées dans la capitale du « monde chrétien, les personnes mêmes des malheureux « habitants furent également abandonnées à leur caprice « et à leur brutalité. Tandis que les femmes de toute « condition étoient victimes de leur incontinences, ceux « à qui l'on soupçonnoit des richesses cachées ou du « crédit, étoient mis à la torture, et on les obligeoit par « des tourments prolongés à épuiser la bourse des amis, « qu'ils pouvoient avoir en pays étrangers..... On en-« tendoit retentir dans toutes les maisons les cris et les « lamentations des malheureux exposés à la torture ; les « places devant toutes les églises étoient jonchées des « ornements d'autels, des reliques et de toutes les choses « sacrées, que les soldats jetoient dans la rue, après en « avoir jeté l'or et l'argent. Les luthériens allemands, joi-« gnant le fanatisme religieux à la cupidité, s'efforçaient « de montrer leur mépris pour les pompes de l'Eglise ro-« maine, et de profaner ce que respectaient des peuples « qu'ils nommaient idolâtres. »

Le protestant anglais Gibbon, après avoir relaté le sac

de Rome par les Goths sous Alaric, ajoute les réflexions suivantes :

« Il existe chez tous les hommes un penchant à se « grossir les malheurs des temps où ils vivent et à s'en « dissimuler les avantages.

« Cependant, lorsque le calme fut un peu rétabli, les « plus savants et les plus judicieux des écrivains con- « temporains furent obligés d'avouer que le dommage « réel, occasionné par les Goths, était fort au-dessous « de celui que Rome avoit souffert dans son enfance, « lorsque les Gaulois s'en étoient emparés. L'expérience « de onze siècles à fourni à la postérité un parallèle bien « plus singulier, et elle peut affirmer avec confiance, « que les ravages des Barbares qu'Alaric conduisit des « bords du Danube en Italie furent bien moins funestes « à la ville de Rome, que les hostilités exercées dans « cette même ville par les troupes de Charles V, qui « s'intitulait prince catholique et empereur des Romains. « Les Goths évacuèrent la ville au bout de six jours; « mais Rome fut durant neuf mois, la victime des Impé- « riaux, et chaque heure, chaque jour étoit marquée par « quelque acte abominable de cruauté, de débauche ou « de rapine. L'autorité d'Alaric mettait quelques bornes « à la science de cette multitude farouche, qui le recon- « naissoit pour son chef et son monarque ; mais le con- « nétable de Bourbon avoit glorieusement perdu la vie « à l'attaque des murs ; et la mort du général ne laissait « plus aucun frein, ni aucune discipline dans une armée « composée de trois nations différentes, d'Italiens, d'Al- « lemands et d'Espagnols. » (*Histoire de la Décadence de « l'Empire romain*, c. 31).

La durée des horreurs commises dans Rome par les troupes de Charles V n'a pas été signalée exactement par une foule d'historiens que nous avons lus. Ils insinuent que les horreurs, dont Rome fut le théâtre, n'ont duré qu'un mois ou deux mois au plus. Gibbon, au contraire, qui s'était mieux renseigné, nous apprend que pendant neuf mois Rome fut livrée à la merci et à la licence d'une soldatesque effrénée.

S'il est vrai que l'armée impériale entrât dans Rome le 6 mai 1527, il n'est pas moins vrai qu'elle n'en sortit que le 17 février 1528, ce qui fait neuf mois et onze jours. Ces deux dates sont affirmées par Rohrbacher, auteur très-judicieux d'une histoire de l'Eglise catholique. On les lit aussi dans un historien franc-comtois, né en 1535, qui avait voyagé en Italie et en Espagne, l'historien Gollut, que nous avons déjà cité plusieurs fois. Encore Philibert de Châlon, qui avait succédé au connétable de Bourbon et qui commandait alors en chef l'armée impériale, eut-il bien de la peine à la faire sortir de Rome? Pour obtenir son départ, il fallut lui donner encore de l'argent, Philibert de Châlon en demanda au pape Clément VII, qui, malgré tout ce qu'il avait donné précédemment, remit encore 40,000 ducats. L'armée, obéissant aux ordres de son nouveau généralissime, entra donc en campagne le 17 février 1528. Elle était bien loin d'être aussi forte que le jour où elle parut devant Rome pour l'assiéger. La débauche, les maladies, la peste l'avaient décimée et diminuée considérablement. Elle comptait seulement de treize à quatorze millle hommes. Philibert de Châlon prit, à la tête d'un corps d'armée aussi restreint, le chemin de la Campanie, où la guerre avait été portée et où François Ier, qui prétendait des droits sur cette partie de l'Italie, avait remué ménage. L'ambition de dominer dans le royaume de Naples fut aussi funeste au monarque français que l'ambition qu'il avait eue naguère de dominer dans le duché de Milan. Il est des hommes que les revers ne corrigent pas et qui, selon l'expression de Montaigne, vont jusqu'à l'empirement.

Philibert de Châlon était vivement attendu à Naples. Dom Hugues de Moncade, général de l'armée marine impériale, fait vice-roi de Naples après le décès de

Charles de Lannoy, avait un grand besoin de son concours. A peine Philipert de Châlon fut-il arrive à Naples, qu'Odet de Foix, sieur de Lautrec, général de l'armée française, campa devant cette ville et en forma le siége. C'était le 9 avril 1528. Le siége fut long. Il dura jusqu'au 15 août. Lautrec espérait réduire Naples par la famine et la forcer, dit Gollut, par les « mésaises de faim et de » peste qui ne pouvaient faillir et donner bientôt de- » dans. » Son espérance fut déçue. Un grand homme de mer mentionné précédemment, le génois André Doria, que François Ier avait nommé général de toutes ses galères, devait seconder Lautrec en bloquant la ville par mer.

Les armées ennemies rivalisèrent de valeur. En mer Philippin Doria, commandant en second, défit le 6 mai 1528, à Capo Minerva ou à Capo d'Orso, proche de Salerne, l'armée marine impériale. Dans ce combat naval, le brave Hugues de Moncade fut tué. Des gentilshommes et des soldats en grand nombre furent aussi tués. Des officiers d'une naissance distinguée tels que le marquis de Guast, Ascanio et Camille Colonne, Gérard de Rye, Jean de Vaudrey, le prince de Salerne, le marquis de Sainte-Croix, le Gobbo, *grand personnage pour les affaires de la mer*, Sérénon et autres restèrent prisonniers. Ils furent envoyés à André Doria avec prière de statuer sur leur sort. Il consulta tout de suite l'empereur qui ordonna de les mettre en liberté. La conduite qu'André Doria tint dans cette circonstance déplut beaucoup à Lautrec. Il fut soupçonné de connivence et de mauvaise volonté, et avec raison. Aussi, à dater de ce moment, André Doria jeta-t-il le masque de la dissimulation. Il tourna casaque et passa ouvertement au parti de Charles V, qui lui promit l'indépendance de sa patrie et ne cessa de lui donner les marques les plus signalées de bienveillance et d'estime.

A terre, Philibert de Châlon fut fidèle à ses antécédents. Il soutint sa réputation d'un vaillant guerrier. Le siége de Naples fut levé, comme nous l'avons dit, le 15 août 1528. Ce jour là fut marqué par la mort de Lautrec. Ici l'histoire atteste qu'il périt devant Naples autant de capitaines et de seigneurs de la haute noblesse qu'à la bataille de Pavie. L'honneur du commandement de l'armée française fut déféré au marquis de Saluces, Michel-Antoine. Cet honneur ne tarda pas à échapper de ses mains. Forcé de déguerpir d'une place dont le siége était levé, et au lieu de gagner la Pouille, où une armée l'attendait, le marquis de Saluces fit sa retraite sur Averse, petite ville peu éloignée de Naples. Mais, investi par Philibert de Châlon, qui le poursuivit l'épée dans les reins, il fut contraint après trois jours seulement de résistance, de signer une capitulation humiliante. Blessé grièvement au genou, il survécut peu à cette poignante disgrâce. De trente mille hommes qui composaient l'armée, à peine en retourna-t-il cinq mille en France. Au surplus, environ ces temps, dit Gollut, le comte de Saint-Pol et son armée furent vaincus dans la Lombardie par Antoine de Lève, au moyen de quoi toute l'Italie demeura en repos, sauf ici et là quelques quartiers, principalement dans le royaume de Naples, où le parti français avait conservé des adhérents et où l'on guerroya.

Philibert de Châlon fut chargé par l'empereur de soumettre à son autorité les adhérents à ce parti et de les ranger sous son sceptre. Il obéit ponctuellement à ces ordres. Traités avec rigueur et harcelés sans relâche, les récalcitrants mirent bas les armes et plièrent sous le joug. Charles V, émerveillé des succès de Philibert de Châlon, le nomma vice-roi de Naples, en remplacement de Hugues de Moncade, dont il vient d'être question. L'année 1529, et les deux premiers mois de l'année suivante nous présentent plusieurs événements dont le détail n'est pas de notre sujet. Nous nous contenterons de les indiquer. Dislocation de la ligue qui s'était formée contre l'empereur. Restitution de plusieurs villes distraites pendant la guerre, du domaine du Saint-Siége. Accord des Vénitiens avec l'empereur. Accommodement du pape Clément VII avec le duc de Ferrare. Traité de paix entre François Ier et l'empereur, conclu le 3 août 1529 à Cambrai, négocié par Louise de Savoie, mère du roi, et l'archiduchesse Marguerite, tante de l'empereur, traité appelé *Paix des Dames.* Arrivée de Charles V à Bologne le 4 novembre 1529. Il y trouve le pape qui l'attendait. Le 21 février suivant il reçoit de ses mains la couronne de Lombardie et trois jours après celle de l'empire.

Réintégration de François Sforce dans le duché de Milan. Cette réintégration fut beaucoup moins difficile à opérer que le rétablissement de l'autorité des Médicis à Florence. Les Florentins, imbus des idées républicaines, s'y opposèrent énergiquement. Force fut de trancher la difficulté par les armes.

Mais avant que d'ouvrir les hostilités contre Florence, Philibert de Châlon se rendit à Rome pour concerter les derniers arrangements avec le pape. Clément VII promit 30,000 ducats comptant, et 40,000 autres à payer dans un terme déterminé et assez prochain. Il promit en outre l'investiture d'Avignon et du comtat Venaissin au prince, s'il parvenait à subjuguer les Florentins et remettait sa conquête à la disposition du pontife et de la maison de Médicis.

Après un court séjour à Rome, Philibert de Châlon vint ouvrir les hostilités contre Florence et en commencer le siége. Des officiers pleins de mérite, nommément le marquis de Guast, Fernand de Gonsague, Gérard de Rye, Fabrice Maramaldo, Alexandre Vitelli le secondèrent puissamment dans cette entreprise. Philibert tint Florence de si près, qu'après avoir gagné les villes circonvoisines et défait le secours conduit par François

Ferrucci, il la contraignit, après plusieurs mois de siége, de se rendre, et de recevoir un duc, qui fut Alexandre de Médicis, neveu de Clément VII, mari de dame Marguerite d'Autriche, fille naturelle de l'empereur.

Un malheur, qui consterna toute l'armée assiégeante, eut lieu devant Florence. Le 3 du mois d'août 1530, Philibert de Châlon périt frappé d'un coup d'arquebuse, qui lui fut tiré *ainsi qu'il combattait avec l'estoc un chevalier gascon* qui s'aidait d'une masse.

Ainsi mourut ce héros, après avoir fourni en peu de temps la plus brillante carrière. Toute l'armée le pleura. La mort le moissonna à la fleur de l'âge. Il avait à peine vingt-huit ans. *Magna hominum admonitione,* dit Pline, *quæ spectatissime floreant celerrime marcescere.* Il fut le dernier rejeton mâle de l'illustre et antique maison de Châlon-Arlay-Orange. Lorsqu'il cessa de vivre, il était sur le point d'épouser la jeune et belle Marguerite de Montferrat. N'ayant point d'autre enfant qu'une fille naturelle, *Jeannette*, qui obtint une rente viagère de 1,500 carolus pour son *établissement et avancement de mariage*, et qui, devenue nubile, s'unit à Philippe, fils de Bernard II, marquis de Bade, Philibert de Châlon légua ses biens immenses à son neveu René de Nassau, à charge de relever les nom et armes de Châlon-Arlay-Orange. C'est ici le lieu de dire un mot sur le blason du prince Philibert. Nous prions le lecteur de souffrir ce détail. Nous comptons sur son indulgence.

Messire Philibert de Châlon, prince d'Orange, portait de gueules à la bande d'or, écartelé d'or au huchet d'asur, lié de gueules, le tout chargé de Genève, qui est d'asur, équipollé à 5 points d'argent 2, 3, écartelé de Bretagne, le tout chargé d'or au lion de gueules, timbré d'or, cimé de deux cornes de cerf d'or, panaché d'or et de gueules.

Les armoiries datent de l'époque mémorable des croisades. Les tournois en consacrèrent l'usage, mais ce n'est qu'au treizième siècle qu'elles devinrent héréditaires dans les familles. La science héraldique en fait foi et le démontre évidemment.

Dans les jours d'apparat, le costume du prince Philibert était imposant et magnifique. Habit ducal de satin cramoisi, fourré d'hermines, chapeau et couronne enrichie de pierreries, collier de l'ordre de la Toison d'or, sceptre d'or. En campagne et en temps de guerre, costume imposant aussi, mais moins éclatant. Epée, cotte d'armes. Dans les tournois, un écu particulier, l'écu des joutes.

CHAPITRE TROISIÈME

La triste nouvelle de la mort du prince Philibert fut bientôt connue au château de Noseroy. Philiberte de Luxembourg, la digne et excellente mère du prince, l'habitait encore et y faisait encore sa résidence. Le coup fut foudroyant. Nous y renonçons. La mort du fils fut pour la mère le terme du bonheur et de la tranquillité (1).

Philiberte de Bourgogne fit ramener en Bourgogne le corps de son cher fils. Au jour fixé, dans la ville déterminée, et après de grands préparatifs, les obsèques du prince Philibert, annoncées officiellement, furent célébrées avec une magnificence vraiment royale. Tout ce que la Franche-Comté avait de plus illustre se mit en mouvement pour y assister et payer à la mémoire d'un prince si recommandable, si prématurément enlevé, le

---

(1) En 1534, quatre ans après les funérailles de son fils, Philiberte de Luxembourg s'évada de son château de Noseroy pour se soustraire aux ennemis nombreux que lui suscitait son gendre, Henri de Nassau, qui s'était oublié jusqu'au point de faire saisir ses bijoux, sa vaisselle d'argent, et les meubles même qui décoraient le château. L'amiral Philippe de Chabot, gouverneur du duché, favorisa son évasion, qui s'accomplit sans obstacle sous une escorte d'hommes d'armes, par lui envoyés à cet effet. La pauvre veuve de Jean de Châlon IV, baron d'Arlay, se retira dans le château de Mont-Saint-Jean, près de Dijon, où elle mourut. Elle fut inhumée auprès de sa mère, dans l'église du prieuré de Glamont, suivant ses dernières volontés du 20 mai 1539. — Gollut s'est ici trompé.

juste tribut de ses prières et de ses regrets les plus mérités.

L'Espagne, les Pays-Bas, le Wurtemberg, la Savoie, la Lorraine, la Suisse, la Hongrie..... participèrent à ce mouvement pieux et chrétien, mais dans des proportions moins grandes que la Franche-Comté. L'affluence à ces obsèques du prince Philibert fut prodigieuse. La pompe des devoirs funéraires commença le 24 octobre 1530, jour de l'arrivée du prince Philibert dans l'église de Saint-Désiré de Lons-le-Saunier. Mais le lendemain, 25 octobre, jour de la levée du corps et de sa translation dans l'église des Cordeliers de Lons-le-Saunier, située à une assez grande distance de Saint-Désiré et choisie pour la sépulture, la pompe fut portée à son comble. Pendant trois jours, la ville de Lons-le-Saunier fut littéralement encombrée par le nombre des visiteurs, appartenant à toutes les classes de la société qui s'y transportèrent. Gollut s'est abstenu de l'évaluer. La description des magnifiques funérailles du prince Philibert, que cet historien a tracée dans un chapitre de ses mémoires, est si curieuse, qu'il ne nous est pas permis de la passer sous silence. Elle est trop prolixe pour être reproduite tout entière dans cette notice. Ajoutons qu'elle n'est pas toujours exacte. Nous l'avons élaguée et corrigée. Voici les détails concernant ces magnifiques funérailles qui nous ont paru les plus intéressants.

Le cortége fut ainsi composé : Un enseigne de chevau-légers, trente-sept de fantassins gagnées sur les ennemis, traînées en terre par autant de serviteurs habillés en deuil, vingt-quatre hallebardiers de la garde, vêtus de deuil, chaperons en tête, la pointe de la hallebarde baissée et la torche au poing, les écoles, les chapitres et les villes de Noseroy et de Lons-le-Saunier, les paroisses voisines, les officiers du *puits à muire* et de la grande saunerie, les députés des villes de Pontarlier, de Vesoul, de Poligny, d'Arbois, de Gray, de Dôle, de Salins et de

Besançon, treize-vingts pauvres portant deuil et torches, armoriées à double blason, les officiers des justices et seigneuries du prince, les serviteurs des gentilshommes honorant les funérailles, habillés de deuil, les trompettes, les maîtres d'hôtels, les héraux d'armes du prince, chaperons en tête, le rameau vert de palme en main, les pages d'honneur portant l'armet, les grandes pièces, les gantelets et les éperons, les sieurs Joachim de Rye, grand écuyer, de Montvarent, écuyer, de Vertambos, Joachim de Châlon de Dinteville, de Montfort, de Falerans, Montrichard, écuyer, de Solre, de Crevel, portant l'épée en fourreau, la pointe en haut, la riche cotte d'armes du prince, le sceptre, le chapeau et la couronne ducale, le collier de l'ordre de la Toison d'or, la cornette des couleurs du prince, le guidon de capitaine général, avec la devise de l'empereur Charles V : *Plus outre,* le grand étendard des armes impériales, la grande enseigne de guerre que le prince défunt avait toujours portée valeureusement contre l'ennemi, l'écu des Joutes. Les bannières de Châlon, de Bretagne, de Bauffremont, de Luxembourg, de Rougemont, de Noseroy, d'Orgelet, de Montfaucon, d'Arlay, de Besançon, d'Orange, de Charny, de Ponthieu, de Melphe, de Gravina, de Tonnerre, la bannière papale, portée par des gentilshommes d'élite, l'archevêque de Besançon, Antoine de Vergy, les évêques de Langres et de Genève, Claude de Longvy et Pierre de la Baume, revêtus pontificalement, Louis de Vers, abbé de Mont-Sainte-Marie et de la Charité, Antoine de Vienne, abbé de la Ferté et de Balerne, Jean du Tartre, abbé du Lieu-Croissant, Marc Cussemenet, abbé de Bellevaux, Guillaume de Poupet, abbé de Baume, Jean de Maizières, abbé de Rosières et de la Grâce-Dieu, Jean, abbé du Miroir, Vincent Marlet, abbé de Buillon, tous revêtus de leurs insignes.

Le poêle, consistant dans un drap d'or, à fond de velours noir, semé de roses et de fleurs, dont les cordons étaient tenus par Guillaume de Vergy, maréchal de Bourgogne, les sieurs de Sombernon et de Montbis, de Champeaux et de Cressia.

La litière sur laquelle était placé le corps du défunt, revêtu de son costume de vice-roi de Naples, était portée par deux mulets couverts de velours noir jusqu'en terre, ayant le chanfrein armorié, montés par deux jeunes pages à têtes nues.

Après la litière, marchait à cheval, Bourgogne, roi d'armes de l'empereur, ayant une baguette blanche en main, comme conducteur du deuil.

Venaient ensuite aussi à cheval, en manteaux et chaperons en tête, René de Nassau, neveu du prince défunt, Humbert le Peloux, représentant Charles V, Philippe de Bregilles, représentant l'archiduchesse Marguerite, tante de l'empereur, Henri de Franquemont, seigneur de Dambenoit et de Nomay, ancien lieutenant-général du baillage de Montbéliard, représentant le comte Georges de Wurtemberg, son souverain, Antoine de Luxembourg, comte de Ligny, et Georges, son frère, cousin du défunt, l'ambassadeur de Ferdinand, roi de Hongrie, l'ambassadeur de Charles III, duc de Savoie, l'ambassadeur du duc de Lorraine, Jean d'Alamont, commis du duc d'Arscot, Charles de Saint-Pol, commis du comte de Gaur, sieur de Fienne, les commis du vicomte de Martigue et de Mme d'Aix, les Avoyers de Berne et de Fribourg. Ce n'est pas tout. A la suite des notabilités précédentes venaient tous les autres seigneurs invités ou accourus à cette cérémonie lugubre.

Le deuil marcha entre 4,000 torches données par les seigneurs et villes du pays, les torches du prince non comprises. Les rues de la ville de Lons-le-Saunier, que le cortége parcourut, furent tapissées des deux côtés de velours noir, chargé des armes du défunt. Tenture semblable, mais beaucoup plus riche dans l'église des Cordeliers de Lons-le-Saunier, dernière station du convoi.

Une très-grande multitude de torches, de cierges et de flambeaux illuminèrent cette église vénérée. De toutes parts, les yeux sont frappés. Des insignes de guerre, en grand nombre, conquises sur les ennemis, des titres, des inscriptions, « vaines marques de ce qui n'est plus ; des « figures, qui semblent pleurer autour d'un tombeau ; « un catafalque dont la hauteur semble vouloir porter « jusqu'au ciel le magnifique témoignage de notre néant ; « en un mot, pour continuer à employer les expressions « de Bossuet. (*Oraison funèbre du Grand Condé*), « rien « ne manque dans tous ces honneurs rendus que celui à « qui on les rend. »

Le soir approchait, lorsqu'on arriva à la dernière station. Le chant des vêpres des morts termina cette lugubre et mémorable journée. Les messes qu'on devait célébrer avant l'inhumation et les cérémonies imposantes qui restaient à accomplir furent remises au jour suivant, 26 octobre. Ce jour-là, Dom Louis de Vers, abbé de Mont-Sainte-Marie et de la Charité, officia le premier. Dom Antoine de Vienne, abbé de la Ferté et de Balerne, officia le second. Claude de Longvy, évêque de Langres, officia le troisième. Il eut pour assistants les abbés du Lieu-Croissant, de Bellevaux, de Balerne, de la Grâce-Dieu, du Miroir, de Buillon, l'archevêque de Besançon et l'évêque de Genève. Après l'évangile, Frère Jean Gauchier monta en chaire et fit l'oraison funèbre du prince Philibert, en présence d'un auditoire très-nombreux, ému et recueilli.

Le service divin achevé, on donna l'absoute. Ensuite le prince Philibert de Châlon fut inhumé dans l'église auprès de son père, Jean de Châlon-Arlay IV, prince d'Orange. Bourgogne, le héraut, s'avança aussitôt pour remplir près de la fosse les formalités seigneuriales prescrites et usitées dans la circonstance. Sceau du prince défunt, bâtons de tous les maîtres de ses hôtels, brisés sur sa fosse. Bannières de Châlon, de Luxembourg, de Bretagne, de Bauffremont, pleines armes du défunt, couchées le long de la fosse, relevées selon le rit et selon le testament du défunt par René, comte de Nassau, son neveu et son héritier universel.

Peu de semaines après ces magnifiques funérailles, que nous venons de crayonner, deux maîtres sculpteurs, J.-B. Mariani, florentin, et Conrad Mai, flamand, furent chargés d'ériger en l'honneur du prince Philibert, dans l'église des Cordeliers de Lons-le-Saunier, un superbe mausolée, moyennant la somme de 10,000 fr. *(Archives de la préfecture du Doubs.)*

Atque hæc in hunc-ce Juvenem tàm praeclarum, tàm eximium, tàm conspicuum industriâ militari, dicta sint. Nunc eo omnia undé.

VANNIER,
curé de Montigny-lès-Vesoul (Haute-Saône),
Membre correspondant de l'Académie de Pise, etc., etc., etc.

www.ingramcontent.com/pod-product-compliance
Ingram Content Group UK Ltd.
Pitfield, Milton Keynes, MK11 3LW, UK
UKHW021930190726
13853UKWH00002B/962